Werner Färber

Geschichten vom kleinen Maulwurf

Illustrationen von Michael Schober

Loewe

Die Deutsche Bibliothek – CJP-Einheitsaufnahme

Geschichten von Markus Maul / Werner Färber.
Jll. von Michael Schober.
– 1. Aufl. – Bindlach : Loewe, 1995
(Lirum Larum Lesemaus)
JSBN 3-7855-2824-8
NE: Färber, Werner; Schober, Michael

Dieses Buch ist auf chlorfrei gebleichtem Papier gedruckt.

JSBN 3-7855-2824-8 – 1. Auflage 1995

Vereinfachte Ausgangsschrift
Umschlagzeichnung: Michael Schober
Satz: Leingärtner, Nabburg
Gesamtherstellung: Offizin Andersen Nexö, Zwenkau
Printed in Germany

Inhalt

Der kleine Maulwurf

Das ist Markus Maul,

der kleine . Markus Maul

lebt unter einer  mit

vielen bunten . Zwischen

den  stehen kleine braune

. Die hat alle Markus Maul

mit seiner  gemacht.

Unter der  hat der

kleine  eine .

Darin stehen ein , ein ,

ein  und ein .

Markus Maul hat sogar eine 

Obwohl er als  fast blind ist.

Aber Markus Maul hat auch

eine  . Und für einen 

mit  ist eine  nützlich.

Heute will Markus Maul keine

neuen  aufschütten.

Heute läßt er seine 

in der . Er setzt die  auf.

Er nimmt ein  und geht

mit seinem  nach draußen.

Er stellt seinen  auf und

legt sich in die . Über ihm

zwitschern . Doch was ist

das? Alle seine  sind platt.

Der  springt auf. „Wer hat meine  platt gemacht?" brüllt er empört. „Welche  denn?" fragt jemand hinter ihm. Markus Maul dreht sich um.

Zwei riesige  starren ihn an.

Eine  steht kauend auf

der . Hinter der  sind

noch mehr . Alle glotzen

den kleinen  an. „Ihr könnt

 fressen, soviel ihr wollt!"

ruft Markus Maul wütend.

„Ihr könnt sogar die schönen 

fressen. Aber meine  laßt

ihr in Ruhe! Sonst passiert was!"

Was sonst passiert, weiß der

kleine  selbst nicht.

Aber die  wollen
ab sofort auf die  achten.
Markus Maul droht mit der 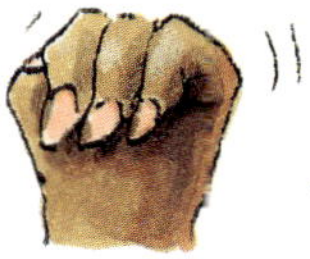.
„Wehe, wenn nicht!" Dann holt er
seine . Heute kann er
nicht in der  liegen. Erst muß
er neue  aufschütten.

Das Nachtkonzert

Der  steht dick und rund über der . Markus Maul wälzt sich im 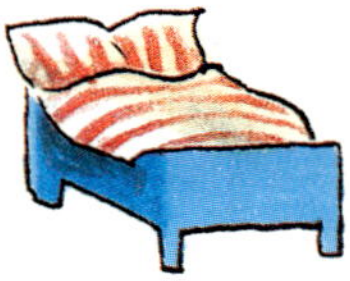 herum. Er kann nicht schlafen. Die  zirpt, der  heult, und die  quaken im . Müde tastet der  nach seiner .

Er schultert seine  und

geht hinaus. „Hallo Markus!"

ruft die . „Was möchtest du

spielen? Die , die 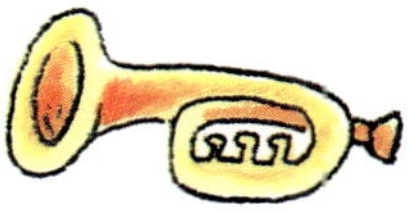

oder vielleicht die ?"

„Ich habe nur meine “,

sagt Markus Maul. „Ich setze mich

auf meinen  und höre zu.“

„Du sollst aber mitmachen“, sagt

die . Sie fragt den ,

was der  spielen könnte.

Nachdenklich betrachtet der 

der Markus Maul. Dann sieht er

die . „Ich hab's", ruft

der  plötzlich. „Die 

muß uns helfen." Der  sagt

der , was sie machen soll.

Sie kommt aus ihrem  und
spinnt einen besonders dicken .
Der  bindet den 
an der  fest. So bekommt
Markus Maul eine kleine .

Noch immer steht der  dick

und rund über der .

Die  quaken, der 

heult, die 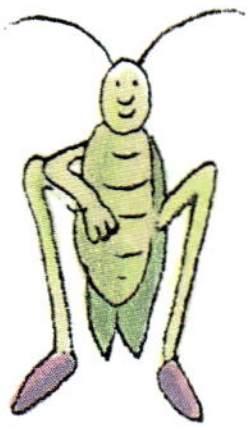 zirpt, und

Markus Maul zupft die .

Der Vulkan

Markus Maul steht auf einem

seiner vielen  . Die 

brennt heiß auf die  .

Das 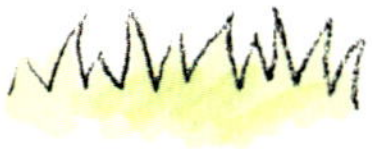 ist schon ganz gelb.

Die  sind verwelkt.

Der kleine  wünscht sich

eine dicke, fette  .

Plötzlich reckt Markus Maul seine

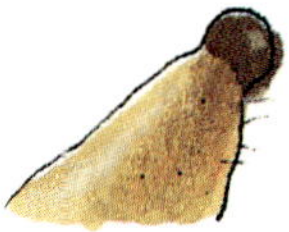 hoch. Was riecht denn hier

so merkwürdig? Weshalb steigt

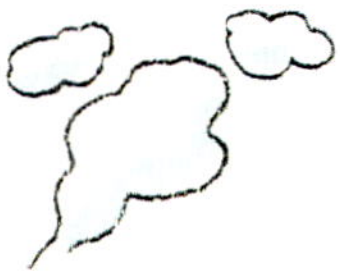 aus einem seiner ?

Gibt es mitten auf der  einen richtigen ? Ob der  gefährlich ist? Vielleicht spuckt er ? Vorsichtig schleicht der kleine  näher heran.

Er bleibt stehen und stützt sich auf seine . Er schnuppert noch einmal. Dann fällt es Markus Maul wieder ein. „Ach herrje!" ruft er. „Mein !"

Er läßt die  fallen, schnauft dreimal tief durch und rennt in seine . Er reißt den  auf und nimmt ein . Er packt den rauchenden  und rennt hinaus auf die .

„Schade", sagt der kleine .

Der  ist schwarz.

Markus Maul wirft ihn ins .

Dort raucht der  vor sich hin.

„Zu dumm", sagt Markus Maul.

„Wenn nur die  nicht anbrennt." Da macht es leise plitsch. Der  hebt den .

Über der  schwebt eine dicke . Da macht es leise platsch. Es regnet riesige .

Das  wird wieder grün.

Auf der  blühen

neue . Und der 

raucht auch nicht mehr.

Der rote Faden

Markus Maul kommt gerade aus seiner . Vor ihm im  sitzt die  Agatha und weint.

„Was ist denn mit dir los?" fragt der . „Ich habe meinen  verloren", klagt Agatha.

„Mein 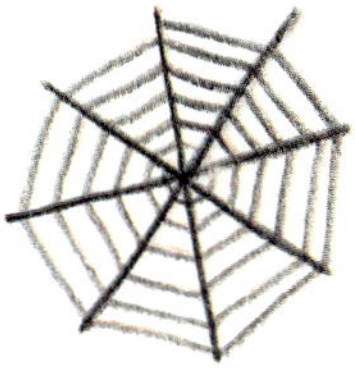 ist verschwunden."

Sofort ruft der kleine  alle zusammen. Sie müssen der  unbedingt helfen. Der  macht sich davon und sucht nach dem verlorenen .

Auch das  will helfen.

Es klettert den  hinauf.

In seinem  findet es

eine 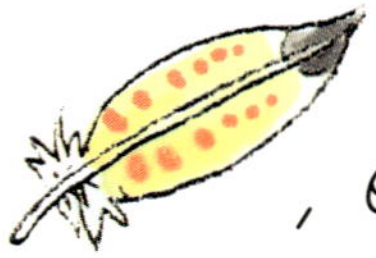, eine  und

einen . Aber nichts, was

die  wirklich brauchen könnte.

Die  bietet ein 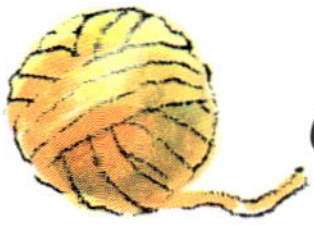 an.

„Das ist lieb“, sagt Agatha traurig.

„Aber mein  muß viel

dünner sein.“ Der kleine 

nimmt nachdenklich sein 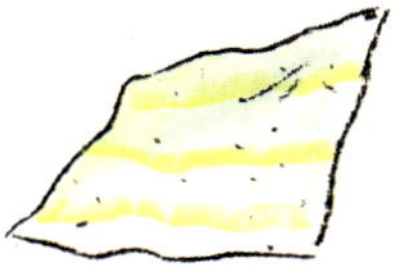

heraus und putzt seine .

„Ich hab's", ruft er plötzlich.

Die , das  und die 

bleiben verwundert zurück.

Mit seinem  kommt

Markus Maul wieder. Er wühlt

darin herum.  fliegen

ins . Er pikst sich an

einer 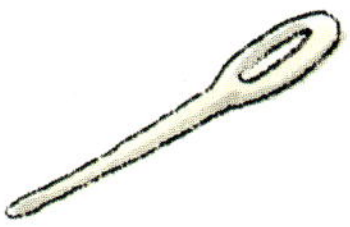. Endlich findet er

einen hauchdünnen roten .

„Versuch es mal damit", sagt

der  . Vorsichtig nestelt

die  daran herum.

Dann lächelt sie und spinnt

ein leuchtendrotes 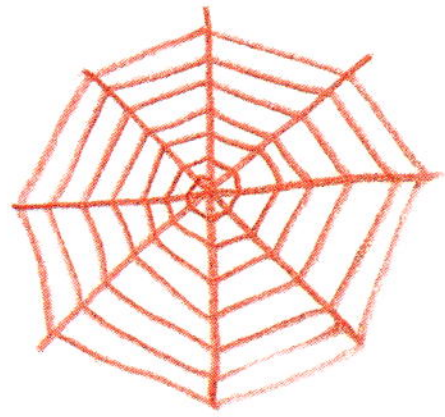 .

Als der  zurückkommt, setzt er sich erschöpft auf einen . „Den ganzen  habe ich abgesucht", krächzt er. Doch dann hält er plötzlich den .

Er hat zwischen den 

im  das neue rote 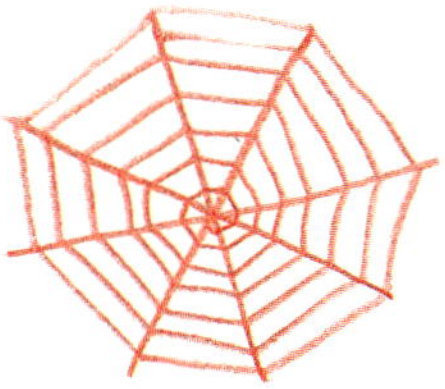

entdeckt. Und die  ist nicht

mehr traurig. Ihm fällt ein 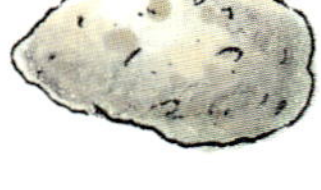

vom . Zufrieden sammelt

Markus Maul die  ein.

Dann bringt er seinen 

dahin, wo er hingehört.

Auf Reisen

Markus Maul belegt ein 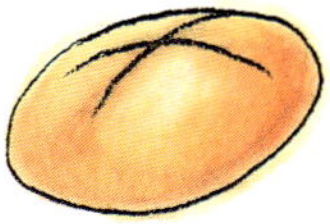

mit 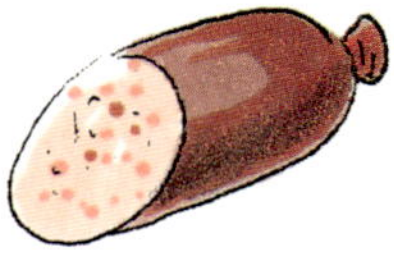 und eines mit .

Dann steckt er noch einen 

ein. Der kleine  will

verreisen. Aber er verreist nicht

mit dem  und auch

nicht mit dem .

Er steigt schon gar nicht in

ein . Markus Maul verreist

nur mit seiner . Er will

einen langen 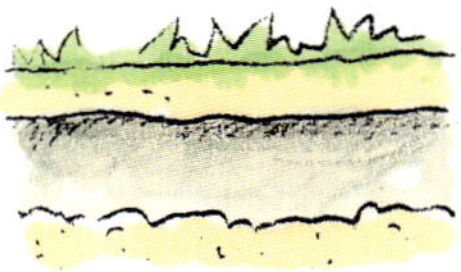 graben.

Mindestens bis zu der 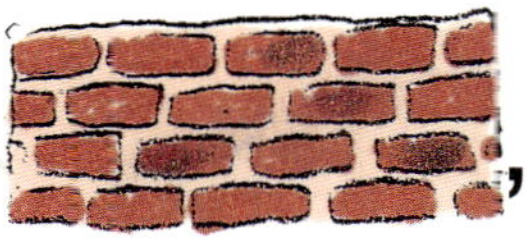,

an der seine  endet.

Markus Maul gräbt, bis er müde

und hungrig ist. Der 

ist längst aufgegangen.

Der kleine  ißt ein belegtes

 und legt sich hin. Als er

wieder aufwacht, hüpft ein 

an ihm vorüber. Um ein 

zu treffen, muß man weit reisen.

Viel weiter, als ein  buddeln

kann. Das weiß Markus Maul

aus einem . Oder reicht

sein  schon durch die

ganze ? Markus Maul ißt

den  und gräbt weiter.

Als er wieder nach oben kommt,

steht ein  vor ihm. Später

trifft er noch eine  und

einen . „Ich dachte, die 

ist größer", sagt Markus Maul.

Schließlich begegnet ihm ein .

Der fragt: „Bist du nicht der 

von nebenan?" „Woher kennst du

mich?" will Markus Maul wissen.

„Du wohnst doch gleich hinter

der 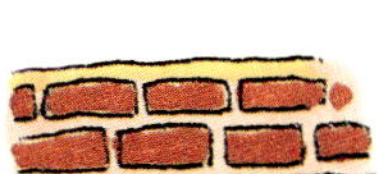", sagt der .

„Von meinem  aus kann ich

deine  sehen." Markus Maul

dreht sich um. Ach ja, die .

Da weiß der kleine 

endlich, wohin er gereist ist:

In den

Schlechte Nachrichten

Markus Maul sitzt am  und blättert in der . „Neue 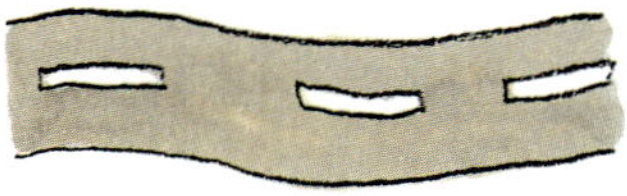 geplant!" steht dort geschrieben. Der kleine  reißt entsetzt die  auf.

„Das ist doch meine ", sagt Markus Maul empört.

Er hat sie auf dem  in der 
erkannt. Plötzlich wackelt die .
Die ganze  zittert.

Der kleine  geht hinaus,

um zu schauen, was da los ist.

Direkt vor ihm steht ein .

Er trägt einen  und schwingt

einen schweren . Damit

haut er einen 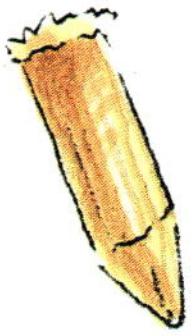 in die .

Ein  fängt an zu baggern.

Ein  entlädt .

„Oje", sagt Markus Maul. „Meine arme ." Erst ist der kleine  völlig ratlos.

Dann rennt er in seine 

und packt. Er packt viele .

Eine  nach der anderen.

Und was macht Markus Maul mit

den vielen  ? Er schleppt

sie durch den langen  ,

den er gegraben hat.

Direkt neben dem 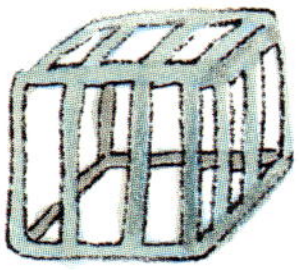 des 

hat er nämlich eine  gesehen.

Die sieht aus wie seine alte.

Genau dort wird er sich eine

neue  einrichten.

Und dann muß der kleine 

bestimmt nie wieder umziehen.

Denn wer baut schon im 

eine neue 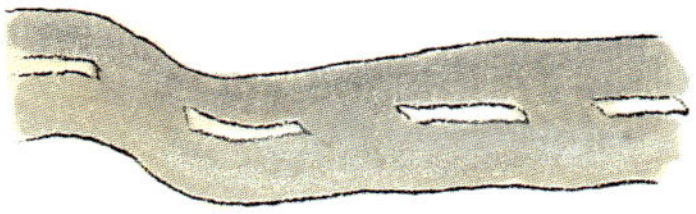 ?

Die Wörter zu den Bildern:

Maulwurf

Wiese

Blumen

Hügel

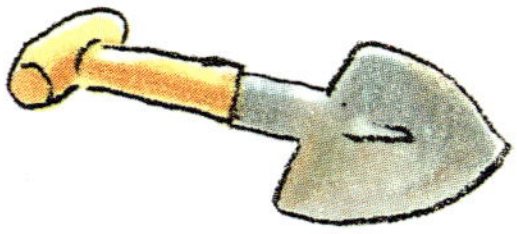

Schaufel

Höhle

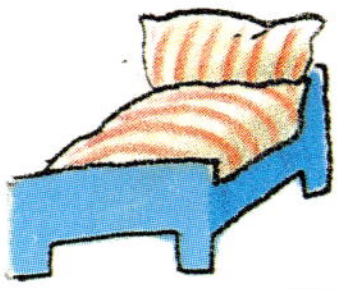

Bett

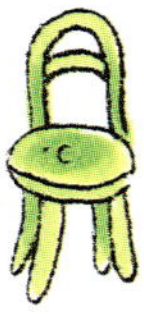

Stuhl

Tisch

Herd

Lampe

Brille

Buch

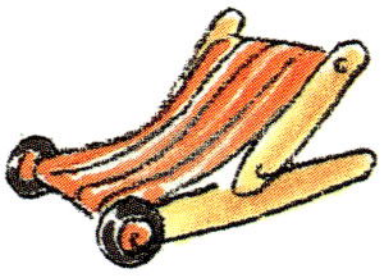

Liegestuhl

Sonne

Vögel

Augen

Flöte

Kuh

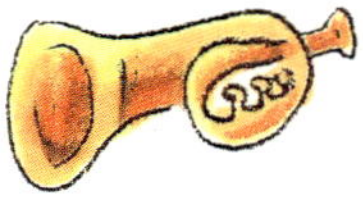

Trompete

Gras

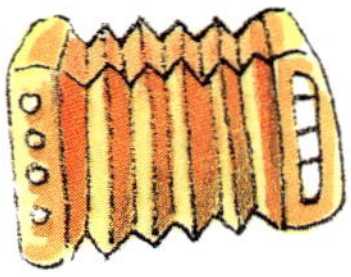

Ziehharmonika

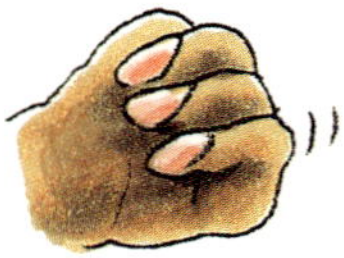

Faust

Uhu

Mond

Spinne

Grille

Netz

Hund

Faden

Frösche

Gitarre

Teich

Wolke

Nase

Rauch

Vulkan

Feuer

Kuchen

Backofen

Geschirrtuch

Kopf

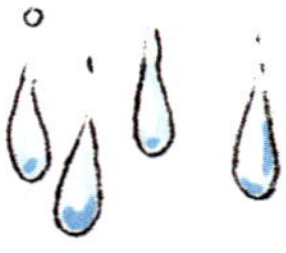

Tropfen

Rabe

Eichhörnchen

Baum

Nest

Feder

Eichel

Zapfen

Katze

Wollknäuel

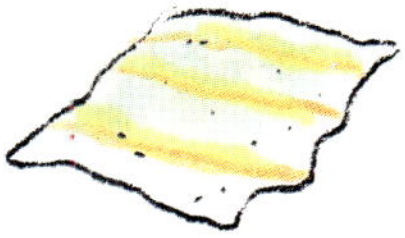

Taschentuch

Herz

Nähkorb

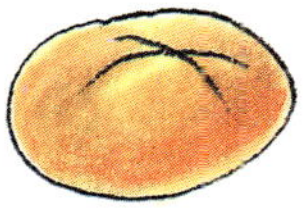

Brötchen

Knöpfe

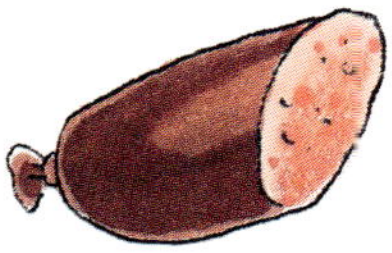

Wurst

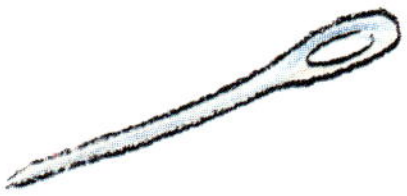

Nadel

Käse

Ast

Apfel

Wald

Auto

Schnabel

Zug

Blätter

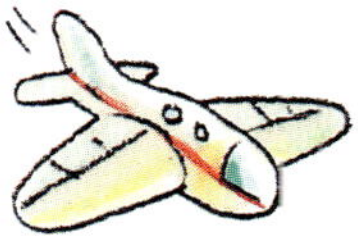

Flugzeug

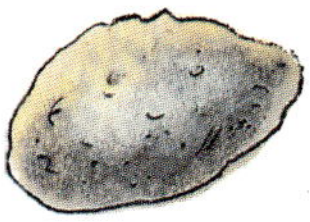

Stein

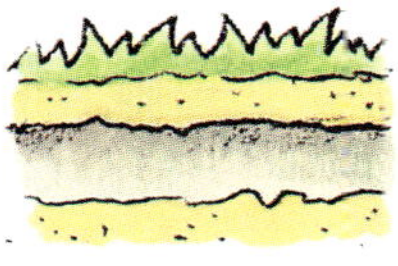

Tunnel

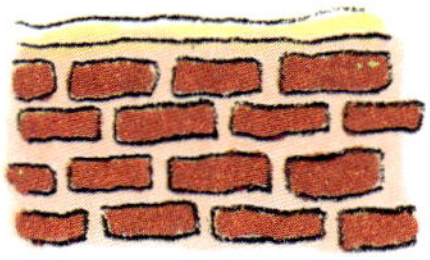

Mauer

Känguruh

Erde

Bär

Giraffe

Tiger

Affe

Zoo

Zeitung

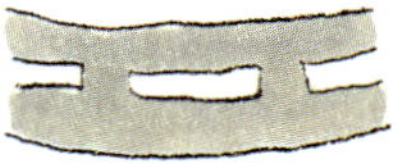

Straße

Bild

Mann

Helm

Hammer

Pfahl

Bagger

Lastwagen

Kisten

Käfig